Cácharo, Guillermo
    Forastero de mí (y otros poemas reunidos) / Guillermo Cácharo - 1a ed. - Barcelona / Ciudad
Autónoma de Buenos Aires : Miño y Dávila editores, 2022.
    100 p. ; 22.5 x 14.5 cm. -

    BISAC: [POE005070] POETRY / American / Hispanic American
            [LIT014000] LITERARY CRITICISM / Poetry

    WGS: [150] / Belles-lettres / Lyric poetry, drama
            [151] / Belles-lettres / Lyric poetry

    THEMA: [DCF] Poetry by individual poets
           [DCC] Modern & contemporary poetry (c 1900 onwards)

    ISBN 978-84-18929-52-6
    Depósito Legal: M-13685-2022

Edición: Primera, julio de 2022.
Lugar de impresión: Buenos Aires, Argentina / Barcelona, España
Diseño y composición: Gerardo Miño
Fotografía de cubierta: GC

MIÑO y DÁVILA
EDITORES

Dirección postal: Tacuarí 540 (C1071AAL), Ciudad de Buenos Aires, Argentina
c/López de Hoyos 15 (28006), Madrid, España
Teléfono de contacto: (54 11) 4331-1565
Correo electrónico: info@minoydavila.com
Página web: www.minoydavila.com
Redes sociales: @MyDeditores, www.facebook.com/MinoyDavila

forastero de mí

(y otros poemas reunidos)

guillermo cácharo

versos indóciles

2021-2017

cuando sucedas
noche
después del último parpadeo
serás más tácita y bruna
que esa carta que nunca envío
ahora que nadie envía cartas
y la sombra que espumes
tras la vuelta de moneda final
—esa pluma de segundo imperceptible—
tendrá la hondura del laberinto
que aún le resta deshilar a mi amor

entretanto
prestame noche a la luna
de cuando en vez
que me gusta verla a los ojos secretearle
algún desgarro
un nombre de hojas secas escrito
en el agua en
el vino de la pena

----

cuántos otoños sos hoy otoño
si del hueco entre mis hombros
de nuevo caen las hojas
y la rama del dolor se queda a recordarme
que estoy y que vivo
al fin de cuentas esa es también su tarea

hoy reestrenás cada hora en que
nuevas manos viejas se abrazaron
así quietitas achuchadas de cansancios
mientras las amarilleaba
la modorra del sol
su aliento pajizo de fines de marzo

a no confundirse
me gustás otoño
con tu sonrisa indulgente
tu sabor venidero de pipa y lana
tu curtida espera de yemas de brotes
tu paciencia de mí

pero más agradezco los que sos y has sido
porque en tu territorio
a la noche que hoy le empata al día
le pedís sosiego piedad con los desamparados
al menos mañana al menos el tiempo
que tu reinado prevalezca

entonces te encomiendo otoño
y a quienes serás
que vuelvas hojas secas las derrotas
las de la buena gente

 guillermo cácharo

para que colmen al trasluz rojo del viento
el aire de la tarde con su orgullo su belleza
hasta que caídas en la tierra fecunden
nuevas luchas nuevas primaveras

tengo una app en el celu
que miro cada mañana y me muestra
la info para empezar
mi día como necesito
los grados de temperatura el porcentaje
de humedad sensación térmica
velocidad del viento índice uv
la visibilidad en kilómetros
presión en milibares y probabilidad
de precipitaciones
la cantidad de muertos por covid
la cotización del dólar el riesgo país
la deuda externa

algo falló con la última
actualización
porque hoy quiso mostrarme
la probabilidad de abusos los grados
de violencia
la lentitud del viento de cambio
el porcentaje de imbecilidad
índices de injusticia sensación
de angustia
la invisibilidad en personas
las presiones económicas los muertos
porque sí
las deudas eternas
la cotización del planeta
el dolor país

----

 guillermo cácharo

entonces
a partir de este escritorio
esta cocina
inicio hoy mi recorrido
de acopio
a través de las esquinas
despobladas o apenas
las plazas los clubes
las mesas familiares patios
con malvones
los andenes
a partir de los rostros de mis viejos
de mis amores
de los tuyos los nuestros
inicio digo
mi recorrido de acopio
de los mates que tomaremos
los besos los abrazos
que nos daremos
cuando acabe el vendaval

hoy quiero escribir un poema feliz
voy a la ventana inspira dicen echarle
un ojo al mundo a través del cristal
pero hete que mi ventana
es de vidrio y si lo pienso
lo son todas las que conozco
encima no es crepúsculo así que estoy
fuera de la hora poética
no hay cielo carmesí ni púrpura ni
esos colores que habitan versos

en la otra ribera de la calle mi vecina
barbijo floreado enarbola bordeadora
y hace ruido que me esfuerzo por
nombrar musical pero recuerda
al taladro prepotente de mi abuelo
sucede raro con ella porque
día que salgo está cortando o junta barre
aparejada con pala celeste guantes
de bombero
hojitas pastito ínfimo
pelusas invisibles en la vereda hastiada
de la pulcritud que no cesa

el chico se frena delante de mi ventana y su voz
detrás de las sordinas del vidrio
del mosquitero del rústico tapabocas
anhela
le corto su pasto jefe
bien prolijo le corto y junto todo
señala a la vecina como si fuera ejemplo

niego
lo corto yo
cuando lo corto le digo

entonces con ojos apagados entre el batiente y el marco
pasa un papelito escuálido tristón
celular a lápiz nombre y muchas gracias
en mayúscula imprenta temblona
lo llevo a la mesa donde tengo
el alcohol en gel

hoy no habrá poema tal vez mañana

bajo este sol
alguien odia a un niño
y no lo sabe

también en casa
cuando opina las noticias lo odia
no lo sabe
cuando repite ideología en eslóganes
abomina sin trabajo sin esfuerzo
ese cuerpo menudito
criado a cartón polenta
oriundo de esquina sórdida
nene que afronta el mundo armado
de estampita o botellita
detergente desleído y mísero
secavidrios
nene tizne en el cachete
carne de trenes y limosna

alguien lo hizo post en instagram
foto blanco y negro
el tipo que lo odia y no lo sabe
puso me gusta y comentó
con corazones

----

   guillermo cácharo

no hay muerte accidental no existe
accidental es la vida

es que una tarde cualquiera
tarde de pájaros en tu techo en tu aldea
de queso en la mesa y abrazo en la cama tibia
de paseo desnudo en lo tibio del aire
bajan de sus botes bajan así porque es así
llegan del mar a tu mundito campesino
ese día cualquiera de improviso
los kingos que ya se cogen a tus hijos tu mujer
cortan a tu perro en cinco
pedazos a tus hijos
devoran tu queso escupen tu abrazo saquean
matan cortan a tu hombre lo cogen también por qué no
a tus padres tus vecinos

es que un mes un año cualquiera
año de trabajo al sol del andamio
de corridas en la guardia del hospital
corridas de una escuela a otra corridas
para abrir a horario el bolichito
días de sánguche pizza vino y regreso apretujado
en el tren el bondi en lo caliente del aire en la bici
regreso transpirado a la picada nocturna lujosa
salamín vermú
queso en la mesa aceitunas abrazo en la cama
banquete proletario
ese año cualquiera los kingos salen
de sus oficinas cambian de despacho asumen el gobierno
los kingos que
ya te cogen devoran tu sudor cada gota

día a día cada gota hasta la última
y lo mean en tu cuerpo desnudo en tus hijos
en tus nietos que nacerán ya ahogados
sin trabajo

es que una mañana cualquiera
de desayuno con fatteh antes de ir al campo
o zuhurat aroma de flores y manzanilla en plena ciudad
y queso dulce y baklava
mañana de mercados abarrotados de propios y extranjeros
de abrazos en los bares los trabajos
de pronto las bombas de los kingos sus misiles
caen democráticamente sobre todas y todos
hacen pedazos a tus hijos los cortan
a tus abuelos tus vecinos
las bombas de los kingos que se cogen tu historia
la de tu pueblo su presente
escupen tu queso dulce tu invención de la escritura
vomitan tu fatteh

vos persona pequeñita mujer hombre
qué hacer
correr quizás pero a los kingos les divierte
cazar de atrás atravesar en orgasmo su pica
en tu espalda
qué hacer
tal vez esconderse esperar que se vayan por un tiempo
o agarrar un palo un fierro
sin respirar sin un ruido
quedarse al acecho de un kingo rezagado en la sombra
y darle duro y duro con la rabia de siglos
matar en él a los otros a todos

 guillermo cácharo

no se termina
con todos
son tantos y resulta
que están los kingos de los kingos
no suben a los botes no cambian de despacho
ni sueltan la bomba
se juntan elegantes en salones banquetes aristócratas
a evaluar mapas mundiales hacer números
paladear la sangre de miles la tuya devorar vidas
accidentales
acumular trofeos de la agonía
de los pequeños los débiles

entonces por lo pronto tomarse de las manos
bailar escribir cuanto se pueda
cantar cuanto se pueda formar una marea
de abrazos de cuerpos que sean palos fierros
de voces que sean bramidos
que revienten los tímpanos las tripas de los kingos
y los kingos de los kingos amén
marchar cuanto se pueda llenar las calles las plazas
los miles de pequeños
cantando de las manos bailando a gritos
en marea imparable
porque no sea más accidente la vida
porque nunca sea
nunca será de los kingos
la bondad la belleza

----

con pie lastimado una mujer
toca la arena sin riberas
de un pueblo
lacerado en cada techo en las paredes
camina lenta entre la sombra
y aquel sueño de que la aldea se llamara piedad

con hilachas con cenizas de voz
un hombre canturrea la memoria
de lo que aún no ha sido
y reclama en el mapa de las llagas
de la historia
un país una comarca
que se llame piedad

en medio de la turba
de huesos de ciudades rotas
hambrientas
yo veo las hilachas oigo la sombra
y apenas puedo
sollozar un mundo
que nunca alcanzará aquel nombre

pese a tanto pese a todo
cenizas lastimadura llanto
no persistan
tenemos que plantar nuestro manzano

----

 guillermo cácharo

viene así
como una ola bruscosa
un ahogo ardido embriagado
la urgencia de olvidar
el sinsentido lo cruel un ratito
esta noche
desmemoriar los dolores que imperan
porque aquí en este cielo
negrísimo de nada
están minúsculas
migas de luz poquitas muy pocas
pero están
maravillosas exiguas estrellas
quédense habiten mis ojos cuando ellos
regresen a la tierra de las penas
gracias hermosas noctámbulas
esta noche ratito siempre
este prodigio

----

si hay alguien igual a mí en otra parte
del planeta
será preferible no encontrarnos dice el mito
porque de encontrarnos uno
de los dos debe morir
dice el mito y escribió edgar allan poe
pero si hay alguien
igual a mí digo yo o me pregunto
será provechoso el encuentro
tal vez así
cara a cara café a café
corrijo
mate a mate a mate si es igual a mí
uno de los dos escuche observe
sienta
y con paciencia con piedad
se perdone se acepte

 guillermo cácharo

las cosas a veces
se ponen raras
como ayer cuando intentaba pintar un fa menor
y sólo conseguí deletrear un pájaro
pero eso
quizá no sea tan raro tan extraordinario
como tu voz abrazando la mía
después de cruzar
un mar de 4G mil calles con semáforos
los días compartidos olvidados en una carpeta de fotos digitales
la última despedida

----

en tus ojos pétalos verdes
el tiempo se atolondra
y maravilla
es que allí los instantes no tienen días
entonces se vuelve nene el tiempo
a pura embriaguez de jolgorio
baja
en tobogán a tu sonrisa alborada
para hamacarse
en los labios
retoza retoza y satisfecho de ajetreo
se rinde a la siesta
y sueña
un verde amor de pétalos

----

guillermo cácharo

si pudiera volver a mis ojos
aquellos marrones
pequeños sin este anillo mustio en el iris
miraría toda una tarde
las hojas amarillas de los tilos
de casa
cada hoja una a una
la tarde entera olor a abril
hasta que sean distintas inconfundibles
y recordar cuáles escoltan
por siempre
las zapatillas rojas de mi hermano trepado
a una rama alta con gusto a cielo
cuáles la risa su flequillo
entonces
hoy podría decirles gracias a las hojas
compañeras
de esa tarde en que era nuestro
el tiempo el otoño

----

viejos pelitos blancos
dolor de huesos ajetreados vista añosa
mis viejos ahí están
ya no cuentan el tiempo
él
cuenta con ellos
para que sea precioso el mate
en el comedor solcito en la vereda
y música de los fronterizos
el tiempo cuenta con mi vieja para
que siembre diminutivos dóciles
en canteros macetas en lápices de colores
para inventar nombres de gatos soñar
mundos felices
cuenta con mi viejo
para que florezca el aire de silbidos
desde la primera luz
y despierte herramientas veteranas
y repare lo roto de las cosas
cuenta
con ambos para ordenar
las ausencias en las fotos los años
vida amores en las fotos
así que cada tarde
solcito vereda fronterizos
el tiempo se sienta en su mesa
ceba mate los mira sonríe y se queda
y se olvida
de transcurrir
un día más

----

 guillermo cácharo

en su andén deslucido
se pronuncia desde antiguo un eslogan tajante legendario
que castelar solamente
es castelar
se profiere como un rezo
lo creí de chico muy chico
cuando creía en el rezo devoto
días en que
trepado a los tilos del otoño
dichoso entre las hojas amarillas olvidaba que no nací acá
hasta que fui de acá
donde la vida me hizo los primeros muertos de casa
donde me dio los hijos el amor
de dónde ser si no

hoy que mis años aquí
no caben en los libros que no he escrito
me pregunto
solamente castelar
acaso aquella frase sentenció su existencia
su fantasía de ser único
pero este lugar
partido al tercio por una cicatriz férrea
separa desigual
un sur y un norte que se juzgan
más desiguales más norte y sur de lo que son
pero lo son
separa abajos y arribas cada vez más arriba
presume de aristócrata acá de reo allá
se tienta con los nombres tilingos de nuevos palermos
también los resiste los enfrenta
con orgullos de ayer

tal vez borges
maría elena
hallaron mejor que nadie
definitivos
los versos que nombran esta pasión insondable
la tierra de uno
yo llegué aquí antes
de que el pueblo se hiciera ciudad
cómo querría verla crecer ayudarla
hasta hacerse
por fin pueblo

----

forastero de mí

2016-2011

a veces me encuentro me sé
forastero de mí
la cosa parece buena es fascinante
descubrir con ojos extraños el paisaje
de siempre
aunque yo no sea buen guía de yo
qué bueno reírme de mi idioma
y que yo se ría del mío
claro que eso descubrir reír fascinado pasear sucede
si forastero soy turista
pero temo llegar a mí extranjero
inmigrante ilegal
y explotarme retener mi documento
excluirme
romperme la cabeza con una botella abrirme de una puñalada
porque así son las cosas así el territorio
y tengo que aprender que saber que no soy de aquí de mí
aunque no recuerde de dónde
fui exiliado

----

hay una canilla que gotea
si voy a ser sincero
ya no gotea ya es un chorrito pródigo
tenía ganas de escribir que me acompaña su silbido
porque junto con el agua
deja escapar un susurro ceceoso un cuchicheo
escribir que me gusta dejarla hacer su voluntad como me gusta
que las hojas de los árboles
se queden en el piso se queden se quiebren
al pisarlas
hasta hacerse un polvito de papel oxidado
pero recuerdo bruscamente
faltará el agua en el mundo en todas partes acá también
y la responsabilidad y la ecología
y la vida todo eso
así que voy a arreglar a callar la canilla
pero eso sí después a iniciar un movimiento una campaña
para salvar los susurros cuchicheos
los silbidos
que faltarán también en el mundo en todas partes

----

 guillermo cácharo

sucede que no soy fuentealba
hoy no soy biko ni romero tampoco rosa
luxemburgo resnicoff
ni santillán tuğçe albayrak kosteki víctor jara
ni ni ni ni
y no que esté mal colgarse el cartelito
decir hoy soy hoy somos todos
tan sólo es que no puedo yo que no soy pocho ángel de bicicleta
es que el cartel pesa de tanto pocho lepratti que no soy
pesa de tanto no tener lo que hay que
lo que hace falta
para subir al techo
gritar a las balas a los uniformes a los tipos que paren
que acá sólo hay pibes comiendo
y que la garganta se rompa de un tiro una bala cualquiera
no soy
no seré ni fui
porque mi garganta apenitas sabe
apretarse de lágrima al escuchar su canción su recuerdo
llorar sin ruido
en esta marcha en la próxima
por ellos por tantos que no conocí
que necesito

----

la hermana que no tuve hacía tostadas cada día
antes de prepararme una chocolatada sideral en esa taza
abuela de las tazas que había en la alacena
antes de jugar con sus manos sin brújula en mi pelo mi cabeza
peinarme despeinarme peinarme
sus manos olor a pan apenas quemado
manos abrigo de las mías
al cruzar los ruidos de la mañana la calle llevarme al colegio
y saludarme desde la reja la vereda

mi hermana que no existió fue confidente
de mis amores los que duelen los imposibles primeros
los sonrió los sollozó conmigo
los acunó con canciones sin idioma con esa voz que no escuché
la voz fiel amable como el pan tostado
hermana que debí debimos tener todos

será que la recuerdo porque sí
o que desde esa comarca en que no ha sido me dice
que no ha sido
porque tal vez tal vez y es muy probable
habría debido además sonreír sollozar conmigo disimular
el moretón pan tostado en su párpado
la grosería la ofensa en sus piernas sus tetas hermanas
de las tetas siderales abuelas hijas
habría tenido que mentirme
caída el tajo mancha la sangre la inmundicia
basurita en el ojo el llanto la vergüenza
el abuso

será entonces que debo necesito
pedir perdón enfurecerme por nosotros por ellos por el hombre

que no sabe no quiere hermana hija esposa
que no quiere mujer sin herirla matarla

será que no puedo sino
cobijar el olor a tostadas hoy
en mi mano que añora a la hermana que no tuve

para vos para mí
la lluvia todas las lluvias la lluvia esta
lluvia repiques lluvia crujidos de dedos chasquidos la lluvia
rebotes en el asfalto
las lluvias pedradas lluvias timbales arriba
traen ganas de mirar una peli de leer escribir
un cuento en la ventana dedo lápiz
ganas de charcos de barquitos de papel tomar mate hacer la siesta
de hacer de rehacer el amor
para vos para mí bajo techo con sopita con papel con cama
caliente

para ella para él
para ellos en los umbrales del pan de las galerías de los negocios
de los bancos de las iglesias
ellos en los umbrales del olvido debajo de la autopista
la lluvia es lluvia y no hay metáfora

esta noche la noche se muerde se pela las uñas
hasta sacarse sangre esa sangre gris
un poco azulada ya sé
que la noche tiene en las plazas cuando cierran
en el subte en los amores
cuando cierran
la noche se muerde porque tiene un deseo clandestino
un veneno de ganas fieras imprudentes
ella justo ella no sabe no puede no tiene cómo
esconderlo
en el vino de su negrura
ella no entiende que es inútil que sería mejor
dejar de apretar los dientes
trepar al abismo o al cielo da igual
agarrándose al cogote del deseo fiero imprudente
entonces se desespera tiembla pobrecita no quisiera
taparlo con basuras
esas que algunos ya sé
dejan
en las plazas en el subte en los amores

y qué si en medio de este revoltijo de ganas ansias torcidas
se me ocurre llamar a los muertos abrazarlos
uno por uno
a cada muerto desatendido digo
cada muerto cancelado
a esos yo porque a los otros
muertos tenidos en cuenta ya los abrazan muchos tantos
y qué si hoy no me importa no se me antoja
el muerto con biografía
si prefiero el tan anónimo que ni es muerto
para ese no hay flores estatuas a veces ni tumba
y qué
si alguien me sopla las palabras del papel y muerto se vuela
entonces tengo que rellenar los huecos con esa
la que espera
en el tintero diría si tuviera uno si usara
ahora podría pedir que vuelvas al principio
que cambies que reemplaces
muerto por amor la que espera en el tintero
y listo
pero sé que es mi trabajo que no hacerlo sería más fácil
lo hago y qué
si en medio de este revoltijo de ganas ansias torcidas
se me ocurre llamar a los amores abrazarlos
uno por uno
a cada amor desatendido digo
cada amor cancelado
a esos yo porque a los otros
amores tenidos en cuenta ya los abrazan muchos tantos
y qué si hoy no me importa no se me antoja
el amor con biografía
si prefiero el tan anónimo que ni es amor

para ese no hay flores estatuas a veces ni tumba
y qué

----

por qué este llorar de lo bello
este río seco en la garganta
cuando tal o cual canción poema
por qué esta dicha que angustia los ojos cuando
tal foto melodía
cuando tus labios dormidos
cuando un abrazo de niño y abuelo cuando
pibes piecitos negros bailan pura sonrisa
cuando una nube enlaza a pleno sol la montaña
una cascada cordón de niebla en la selva
será que es tan hermoso y se termina
o será por el contrario
que la belleza un pequeño glorioso triunfo
una derrota del tiempo la belleza
dice yo seguiré
de este modo de aquel otro siempre
aunque no estés para verme oírme mañana

hace dos días tres cinco ya no me acuerdo bien
tuve un déjà vu
fue un momento fugaz frente a la pantalla
y en la pantalla el chiste del paracaidista y el tren
mientras reía frente a ese chiste que de pronto
sentí haber leído antes
en esa misma pantalla en ese mismo lugar
ese momento
antes

qué tiene de raro me vas a decir

es que me puse triste porque
el déjà vu
no el paracaidista no el chiste no el tren
era un testamento del tiempo
un souvenir de ese instante de ese solo instante mínimo
chiquito insignificante ya sin gracia
ese momento cualquiera que
hacía un gesto una señal desesperada
trataba de jugar al eco
para estar conmigo un poco más dejarme su fotito
antes de despedirse de morir

----

quién puede sacarme de esta duda
ser necesario
acaso alguien me aclare me convenza
no digo ser necesario para alguien tampoco para el mundo
lo que pregunto querría saber antes de irme
es más chiquito
es si me necesitó la noche
una noche singular noche puntual cualquiera
si precisaron
de mí el silbato del churrero esta pelusa en el piso arisco
los rulos negros de la nena de la esquina mi bicicleta
si necesitaba de mí un crujido de corteza
empecinada al viento al sur un mediodía
si fui imprescindible para una mancha de tinta para un bombón
de menta de licor
para una canción herida de niebla
si me esperó si espera todavía una ventana que no voy a cerrar
jamás
si por un instante una chispa una astilla de milenio alguna vez
mi sonrisa fue para que tus ojos fueran
si me precisaba tu llanto

---

 guillermo cácharo

hay una tempestad despiadada vendaval
que me arranca me extirpa de la calle cada tanto
que me destroza el antojo
de mirar la vidriera los taxis hallar alondras leer un cartel saltar
contar las baldosas hasta la esquina
un huracán que me grita no hay océano que sacie la sed
de tiempo de horas de años y más años
ya lo sé ya lo sé entonces
hay que volver que correr a casa
a las cosas
a los libros por leer las notas por cantar por oír
volver a los días por correr los trabajos
por hacer
pero quién te dice la próxima vez no dejo que me arranque
y cuento las baldosas y a la vuelta de la esquina
te descubro y con vos las horas los años
y más años
y un ansia de abrazo de historias canciones
de beso de vida por saciar
y un huracán de alondras

----

pasa que a veces
generalmente de tardecita y con sol así
como hoy
quisiera escribir de lo que no entiendo
entonces me decís así es siempre
se escribe lo que no se entiende si no para qué
y ponés cara ponés ojos
a mí me cambian las ganas
ahora no de lo que no entiendo ahora de lo que sé
quiero escribir
de lo que sé y entiendo o no entiendo ya no importa
del sabor de las billiken los media hora
de la camisa que le ajusta mejor
a la vecina
de esa zanja del olor a podrido
del agujero forma de pena en la pared
del cansancio del amor del agua helada que daña que no alivia
que astilla la garganta
de las ganas de saltar de la hamaca tres siglos en el aire
de aquel lunar que sólo yo vi
escribir
que este segundo que el próximo soy inmortal
aunque mañana muera
que el rencor tiene otro olor a la sombra
que un punto en una tela es eso un punto por más sanata
por más que esté en el malba y blablablá
que cuatro cinco veces varias fui imprudente que pudo ser fatal
que nunca aprendí a chiflar sin dedos siempre quise
que amar ser amado haberlo sido
vale la vida
que me gusta frío el café con leche
que la mujer es más hermosa descalza con pollera

 guillermo cácharo

descalza con remera con jean
que en la luna no hay una cara no un conejo no te digo adiviná
que el suspiro es la marea de la melancolía
pasa que entonces advierto son demasiadas cosas se va la tarde
y ya no hay sol

----

acaba por ser
que la partida y el regreso
trátese de acá nomás o lejos más lejos muchísimo
son la ceca y la ceca de una misma moneda
una moneda sin cara
cara que siempre está por dibujarse por terminar de hacerse
por eso no cometas el error el desatino de quedarte
y elegí volver siempre volver
a andar

----

 guillermo cácharo

el mar sacude su risa furiosa
lejos allá adentro más lejos explota
erupción verde azul montaña
acá la montaña
rasguña el sol se agrieta salen plantas flores
de su hondura impasible
sale lava que muere en el lago blando
confiado de sí
espejo

debió ser espejo mi dicha
confiada de su hondura impasible
debió ser dicha océano enfurecida incansable
agrietada de flores
dicha amazónica dicha glaciar acantilado volcán

pero esta mi dicha es arroyo corre despacito
lava las grietas la montaña las flores
no ruge susurra
paciente pequeña aun así mayor que la pena
espera transparente las manos
que lleven el agua a tu cara

esperaba el tránsito quieto esperaba que siguiera
el auto a mi derecha se movió un poco y tapó
un cartel
pintado a mano
vendo tristeza alcancé a leer
y entonces pensé
entonces pensé
si intentara vender esta tristeza
la mía
quién querría comprar
ni siquiera sé si se paga por peso o por volumen
ni siquiera es una tristeza grande
una grandeza triste siquiera
hoy pagan millones por las tristezas de van gogh pero
él nunca pudo no vendió
ninguna
a poe sí le compraban la tristeza
le pagaban poco cuánto debieron pagarle
a alfonsina a janis joplin cuánta tristeza gigante cuánta
tristeza de lo que nace a pizarnik
a charlie parker y ahora hoy
dicen pensé
a amy winehouse dicen
pensé en las tristezas de ellos la de juan gelman las de tantos
la tuya
las sin nombre la del artista del hambre
las de los artistas del hambre
entonces el auto a mi derecha se movió otra vez
destapó el cartel pintado a mano
vendo frizer
leí
decía

----

 guillermo cácharo

por qué de golpe resulta que miro y hay un agujero en el pantalón
no estaba
hace un rato no estaba
tampoco esa mancha pálida desabrida
más lejos un poco más cerca de la rodilla
y acá nomás el agujero
entiéndase ese agujero una cortadura recta en la tela del jean
no muy larga dos dedos
como se usan los dedos para medir o pedir en un vaso
así es el agujero raya que no estaba
lo sé muy bien estoy seguro
un dedo no dos basta para meterlo en él y corroborar
su condición de agujero hueco hoyo rajadura
en la tela

por qué de golpe resulta que hay un agujero en esta tarde
quién sabe si el agujero mancha hueco
cortadura recta de esta tarde desabrida
estaba
por qué de golpe miro
el agujero en la tarde mancha pálida
dónde
quién me dice dónde meter un dedo dos los que hagan falta
dónde para corroborar
el agujero de la tarde

----

leyeron me han dicho
no somos al fin más que palabras
diría que sí que así parece

yo mismo fui puro balbuceo nene
pibito hipnotizado del idioma cosa extraña
qué extraña qué graciosa tomate
tomate tomatetomate me encantaba qué rara
qué risa tomate la palabra

después tiempo después
me volví pronunciación temerosa del idioma reglas
así se dice así no
es cierto es importante qué bueno
que sujeto concuerde con verbo pero
más tarde lo supe
en el comienzo
no fue el verbo fue la poesía así se dice así también
así también
la poesía nena fascinada del idioma pradera
del idioma mordisco
de palabras piedritas curiosas del suspiro del humo
el suspiro marea de la melancolía
la poesía nena hechizada del verbo espejo
del verbo ojos en tu ropa en el desatino del sol
de la palabra
dolor de la belleza
claro que también el idioma náusea violencia a lo real
y el mundo un juego de lenguaje y todo eso que leí
y vos nosotros yo palabras repetidas
de otros

así que diría es cierto no somos más parece
pero no sé no sé
porque explicame
entonces qué con el amor que es más que palabra
con la rabia más que palabra con los huesos
que duelen que hacen ruido
con los ojos del hambre sin ropa con la bomba
más que palabras los tajos el porcentaje de humedad
el abrazo también la foto de mamá la nostalgia
la pelusa en el rincón
las lluvias sin techo explicame entonces qué

y de golpe pibito nene fascinado
dice pelusapelusapelusa qué graciosa tomatetomate
se ríe bombabomba fotofotofoto dice
amoramoramoramor y yo qué graciosa
qué rara amoramor qué rabia
palabra repetida quizás es cierto nomás
y alguien quién
me repetirá te repetirá nos
sólo palabras

pero
qué bueno si ocurriera
a fuerza de tajos de nostalgia
a prepotencia de abrazo
de huesos
ser más que palabra después del último silencio

podrá parecer desquiciado fuera de planeta
sin móvil sin coartada
parecer una uña que raspa el aire que le saca un alarido
al aire
un acorde mayor en la masacre
una moneda en el pasto
no de plata no de oro una simple moneda
brillante porque se le antoja o porque
fue de alguien que brillaba como esa
que me regaló mi abuelo que brillaba

podrá parecer una flor ebria descabezada de su mástil
atolondradamente viva
una lágrima en el fuego un zapato
colgado de un árbol
un disidente porque los zapatos se ahorcan siempre
de los cables

podrá parecer

pero un día ahora no sé cuál ya lo voy a saber
voy a subirme a un tren y a bajar lejos y tomar un colectivo
y lejos
y subir a otro tren hasta cualquier pueblo hasta su plaza
con bancos con un banco con alguien
y voy a decirle que no nacimos
para encontrarnos
así que ese día
los dos sin móvil sin coartada
lo jodimos al destino

es noche de amigos noche
de reunión en la casa de dolor
platitos con maní aceitunas picada cerveza risas
ayudan a calmar sus heridas

también ayuda es cierto cada amigo
qué sincera la caricia de consuelo
qué benévola piedad con los errores los defectos
sagaces las palabras de diagnóstico sensatas las de consejo
el afán de vida alienta
y las horas pasan así

pasan y no importa si hoy mañana si todos juntos
si de a uno piedad consejo vida todos
se despiden
en la puerta el ascensor en el palier beso
en la mejilla o abrazo
pero se van se van

al fin de cuentas la casa
es de dolor
y dolor es quien se queda
barriendo las miguitas
recogiendo los vasos los platos y encontrando
las llaves las lágrimas que olvidó que siempre olvida tristeza

hombre

2006

dentro de la cabeza de hombre hay una estúpida calavera
sin labios para besar
sin tímpanos para oír sin ojos sin lengua
para decir

dentro de la calavera de hombre
hombre quiere apurarse a reír cantar ver amar

----

por un instante
abrir la boca y la sangre
para comer hombre la luz de este día
de luz mansa y ancha y toda
abrir los ojos
para hundir la cabeza el pellejo
hundir las venas los oídos
en la música del hombre
en toda la música la poesía de los hombres de las mujeres
y de golpe
llorar a mares llorar de belleza a los gritos
hasta romper con la garganta el puño de la muerte

el país la vereda
están cubiertos de hojas secas
cuando hombre las pisa hojas generosas
fingen
que no es la tierra el mundo quien cruje

sobre los escombros del hambre y la guerra
escombros de piel de madres de viejos de niñez
sobre escombros de huesos
hombre vomita una lágrima
y cierra los ojos aprieta muerde los ojos
porque hoy
no puede tolerar no quiere
perdonar al sol su brillo
a las lágrimas su brillo

----

 guillermo cácharo

hombre aprieta los dientes hasta que los ojos se le hacen piedra y ya
afuera hay el afuera
y hombre sale a puro golpe
a dar y dar
a los golpes
dentellada de pura rabia
sale a resbalar en sangre caliente
reventada otra vez en charcos hijos de tormento
humillada de pena
y pega muerde
hombre se come los brazos se come la palabra y ya
cuánta muerte tiene que negar
para dejar de morir de una puta vez

----

recuerda un patio una lupa
un asombro chiquito
un chiquito el viento la flor en la maceta
todo el sol ahí
qué hace el sol todo ahí
en el punto en la flor
en el viento del patio
hombre recuerda una lágrima
qué hace el sol
todo ahí en el punto en la piel
recuerda muerde los labios
una lágrima el sol todo ahí en el punto
un chiquito
el dolor todo ahí el asombro

 guillermo cácharo

después de tantos siglos lentos
y de otros y otros
y otros más lentos
hombre ha olvidado con quién
ha crecido de miedo
de espanto
enmudecido de juego con quién
mustio de risa de lágrima
exhausto
de abrazo a quién
entonces ha buscado el dolor
que se retuerce en los brazos en los hombros
que descoyunta en jirones la pena
para amparar
siquiera
la soledad de su sombra

----

cuando hombre mira el mar
con las grietas de los ojos
la respiración a la deriva en el borde de la playa
los talones dormidos
pisando lágrimas rotas de roca
el mar acepta rechaza acepta
rechaza
y hombre rasga la corteza de la espera

 guillermo cácharo

separa los brazos y se le desprenden se pierden entre dos tormentas
así duele
cuando quiere atrapar al tiempo
le tironean las costillas se raja el esternón
y hombre mira hacia arriba
busca la luz partido en el fondo del agua
en la sombra final del mar
en el pozo más hondo del miedo
ruega
un mordisco de aire
llora un bocado de instantes uno más
dos horas media un minuto un aliento cuatro segundos

se rompe hombre cuando quiere
abrazar al tiempo
enredarlo con las ramas del cuerpo
hombre se rompe cuando se olvida de andar con el tiempo

la espalda de hombre pesa como si toda la noche adentro
la boca pesa como si toda la noche encima
los oídos pesan como si después toda la noche
la cintura pesa como si enfrente toda la noche
los brazos pesan como si toda la noche alrededor
las rodillas los testículos la nuca pesan como si toda la noche cerca
el alma la médula pesa
pesa
como si toda la noche

agradezco el golpe de puñal que me abre el pecho en dos mitades
una sangra y la otra ríe
ninguna me pertenece pero ambas me recuerdan a mí
sólo es mía la herida que ahora observo
desde la risa y la sangre y su rumor

no quedé nada
por eso me escribo

y porque puedo escribirme agradezco el golpe de puño
que me cierra los ojos
nada tengo por ver que no haya evitado ver siempre
no busco la frescura
que obliga a desplegarse en la mirada

prefiero
esta forma de agradecer el golpe de viento que me arrebata
hojas y flores
y aún permanecer fresno manzano
consintiendo esas heridas
para hundirme en la raíz de los golpes
para ir quedándome seco
despojado de las luces y del aire
de la voz

es tan sólo un modo de salir

afuera están los huecos desde donde agradecer este golpe de mar
este golpe de suerte que me arranca la lengua

[versión 2006 de un poema de 1985]

mirada de mar

2003

el beso de los amantes
es su ropa
es su espalda enredada en el mundo
es su mundo
enredado en la ropa
en la eternidad enredada
en el beso

----

sabe la luz regar el cuerpo
hundirse en un lugar chico
y quedarse un rato
así, sólo así puede ser calor
sólo así color
en el cuerpo
la luz en el cuerpo de la mujer
la luz en el cuerpo del hombre que al final
ya lo saben
extrañarán la luz

----

 guillermo cácharo

ayer dejó su cuerpo en la llovizna
prendió luces a sus hombros
escarchó de jazmines sus rodillas
y crispó los ojos
de frente al viento

ayer cambió de olor, como los pájaros
y visitó algún vientre de ceniza
creyó distinguir voces
doscientas, trescientas voces, mil

hoy cruzó con su sombra
para verse en el alba
y esperar sonriendo esas miradas
que jamás le reprochan su regreso moreno

ayer se acercó
dormida en el agua
llevaba canciones con las manos
con la espalda y la cintura

hoy no quiso quedarse en mi sueño
prefirió volver al aire
como ayer

----

ella abre con su voz
la última rama de mi sangre
para besarle la pena
y lo triste se aclara
el triste musgo de la sangre
de la hiedra
que se apaga pero no deja de quedarse
hoy voy a echar del tiempo lo triste
a mordiscones
a dentelladas de amor

----

cuando ella es espiga
de su mano deja caer una sola
una lenta caricia azul
lenta
anterior a todo
anterior a ella y a la sombra
anterior al cuerpo
a ese pedacito de voz que nos queda
cuando en mi beso ella es espiga
cuando en su caricia soy yo

----

ella no sabe que su mirada de mar
me abisma en la cima del aire

----

 guillermo cácharo

si tengo que pensar una palabra
ahora
me gustaría que fuera remanso

tal vez no pueda ser ahora

----

en esta mesa hay una marca
pequeña como una rama pequeña
casi el gajo de una cicatriz
no sé si yo mismo
he hecho ese rastro en la madera
una lastimadura que no dejó razón de su razón
no es un nombre ni una fecha
pero en ella está el instante
y en ella hay una voz
si me acerco suficiente es un lamento
lágrima quejido tenue
boca mudita que grita su propia herida
no quiero el dolor de su silencio
esta noche apenas
puedo velar su ansia de canciones
su modo de agonía

----

 guillermo cácharo

tengo junto a la sangre
sal entre los dedos
y aire frío
para otros es mar y es brisa
y sólo así es bueno
para otros
pero hoy advierto que he elegido
por terca obstinación de sangre
creer en la sal y en el aire frío

qué decirle al dolor
cuando se come las tripas de las alas
poder decirle adiós

dónde está la fiebre de árbol
el temblor oceánico apasionado
la lágrima feroz
decidida
dónde los alaridos
que matan la nada el apenas el quizás
dónde está
la sangre decidida que es sangre
y humea vientos tormentas
dónde
la fuerza de ver
la vida de hacer de ser
acá están
si rompo la baba de araña el temor
están acá
hoy acá

----

en el desierto
es posible el olvido de ser
para siempre estar
oh sólo estar

tomo una piedra entre dos dedos
piedra pequeñita
de aristas cálidas y pocitos curiosos
es un grano de años eternos
moneda de tierra
comida por los dientes del sol
es un ojo de muñeco
que pide un cuerpo
para ver el látigo del viento
cuando lacera sus aristas cálidas
es un corazón que pide manos
para tomar un día mi cuerpo entre dos dedos
y ampararlo
pequeñito
entre sus pocitos curiosos

cómo es la rama estremecida
por el agua blanca
el tallo jadeante en la tormenta
deseoso de raíz

cómo es el gato herido
por el agua blanca
huérfano de casa de sillón
en la tormenta

cómo es la piedra sumergida
por el agua blanca
hambrienta de luna
desconocida de mano de niño

es una voz humana
es una guitarra
también ahora
en este juego de amores
vaivén de amores
colgando de amores
aquí estás
nube mundo y esa toda sonrisa
que me alivia de fatiga
de sabor a culpa
de cobardía pequeñita
(yo tengo lástima de esa cobardía
pobrecita
que no pudo ser mayor
al menos)
pero igual dejame saber
si puedo llorar porque sí
o porque son una voz humana y una guitarra
los que habitaron el aire del beso
el destierro del desamparo

es cierto que el tiempo conoce otro sabor
cuando viene de tu voz
lo dulce se hace un trocito de siglos
promesa de brillo cumplido en beso en mano en piel
que ya no puede no ser
sosiego de tiempo que sabe a siempre
cuando es certidumbre
porque es certidumbre

----

guillermo cácharo

en tu abrazo me agiganto
respiro el viento de noches rojas
desato la piel
al secreto más viejo
muerdo el tiempo
que sólo reconoce tus latidos
tu abrazo me salva
del espejo que duele de estupidez
del brillo que consuela falso
de los miedos de mí
la verdad
es tu abrazo en mi abrazo

sobre el perfume de las luces encendidas para el amor
tus ojos dicen mar
y el aire es cielo
y el silencio es la sonrisa del tiempo
una caricia sin manos
la hondura
del beso y del roce tibio
el susurro que rompe la penumbra en el temblor del deseo
en la agonía del abrazo

----

 guillermo cácharo

en tu espalda viajo solo y mudo
llego al fuego al estallido
a la luz que me inflama
en tu pecho
naufrago el oeste y el este ciego de rumbo
ahogado de dicha de ansiedad
de morir
en el mar de tu boca

----

ese olor de jardines de mar
olor de pétalos de nieve
cuando llegue a nuestra casa
tendrá otra prisa
disfrazada de quietud

si no tuviera conmigo
tu risa tus ojos en olas
en vuelo
qué haría con las calles
con la gente con el mundo
sin tu mano tu vientre
qué haría yo
con la voz de la noche

El exilio del dolor

Una lectura de *forastero de mí (y otros poemas reunidos)*
de Guillermo Cácharo

Hay cierta clase de experiencia que te desarraiga con brutalidad del presente y genera un desdoblamiento de la conciencia: no sólo vivís sino que además te ves viviendo durante ese instante decisivo. Ahora el tiempo se ha desbaratado, por fin. Lo cotidiano, la sucesión de los días y las noches, ya se hundió en otro plano de lo real. Pronto surgirá una confesión lírica, sobrevolando la extrañeza poética. Es decir, un hombre que al escribir intentará recuperar (por no decir reconstruir piedra por piedra entre los escombros de las palabras) las razones o las causas que se mantienen como un enigma en el plano existencial o en la nebulosa del recuerdo. Escribir para entender y desentrañar lo que provocó aquel desarraigo. ¿Acaso se trate de un dolor tan íntimo hasta lo inefable? ¿El nacimiento de un miedo antiguo? ¿El contacto durante un día que fue para siempre como el mar con la frágil raíz de la felicidad? ¿ O la impotencia frente a la desoladora revelación de la finitud?

Mucho de esto hay en *forastero de mí (y otros poemas reunidos)* de Guillermo Cácharo: "en tus ojos pétalos verdes / el tiempo se atolondra / y maravilla / es que allí los instantes no tienen días / entonces se vuelve nene el tiempo". O en otro poema, uno de los que abren la primera serie, *versos indóciles*: "tengo una app en el celu / que miro cada mañana y me muestra / la info para empezar / mi día como necesito" [...] "algo falló con la última / actualización / porque hoy quiso mostrarme / la probabilidad de abusos los grados / de violencia / la lentitud del viento de cambio / el porcentaje de imbecilidad / índices de injusticia sensación / de angustia".

Si lo que falló entonces se mezcla con la noción del tiempo, pronto vendrá el desdoblamiento, si no para definir el tono de este excepcional poemario, al menos para intentar hallar una de las múltiples claves de lectura que ofrece: "si hay alguien igual a mí en otra parte / del planeta / será preferible no encontrarnos dice el mito / porque de encontrarnos uno / de los dos debe morir / dice el mito y escribió edgar allan poe / pero si hay alguien / igual a mí digo yo o me pregunto / será provechoso el encuentro / tal vez así / cara a cara café a café / corrijo / mate a mate a mate si es igual a mí / uno de los dos escuche observe / sienta / y con paciencia con piedad / se perdone se acepte".

A partir de ahora comienza lo más original de *forastero de mí* y no sólo porque ya se habrá advertido una deliberada concepción de los elementos formales y retóricos (que naturalmente son parte de una tradición, aunque la renueva con su singular tono inmerso en lo cotidiano), sino en lo que concierne a lo más difícil de alcanzar: participar a los lectores de una manera singular de sentir una realidad que deja sus huellas en lo sensorial, como una especie de trampolín psíquico hacia la zona más frágil de la conciencia, donde anida el recuerdo. "si pudiera volver a mis ojos / aquellos marrones / pequeños sin este anillo mustio en el iris / miraría toda una tarde / las hojas amarillas de los tilos / de casa / cada hoja una a una / la tarde entera olor a abril / hasta que sean distintas inconfundibles / y recordar cuáles escoltan / por siempre / las zapatillas rojas de mi hermano trepado / a una rama alta con gusto a cielo".

Pero hay algo más que se impone de manera urgente. La poesía no está hecha para ser explicada, es cierto; pero el poeta, en este caso se deja hablar por la poesía para entender o para entenderse, algo así como el "conócete a ti mismo" de los antiguos, y eso solo es posible en la medida que se cuenta una historia, por esos las múltiples evocaciones que aparecen en *forastero de mí*, los diálogos-referencias a la literatura o la música y otras artes, los distintos registros. Pero como un "viaje a la semilla", Guillermo Cácharo realiza el viaje contrario: si hay una causa del dolor enquistado ya en la corteza del tiempo, *forastero de mí* comienza con el hombre que ya fue despojado de sí mismo aunque aún no sabemos dicha causa, ni siquiera si es una sola. Por eso tal vez estén ordenados a la inversa:

Estructurado el libro en cuatro partes, comienza con *versos indóciles*, fechados entre el 2021 y el 2017, luego sigue *forastero de mí* (2016-2011) que abre con un poema que hace equilibrio entre dos universos íntimos, ese rotundo aceptarse a sí mismo, sin que conozcamos el motivo por el cual se convirtió en un exiliado de sí mismo: "a veces me encuentro me sé / forastero de mí / la cosa parece buena es fascinante / descubrir con ojos extraños el paisaje / de siempre / aunque yo no sea buen guía de yo / qué bueno reírme de mi idioma / y que yo se ría del mío / claro que eso descubrir reír fascinado pasear sucede / si forastero soy turista / pero temo llegar a mí extranjero / inmigrante ilegal / y explotarme retener mi documento / excluirme / romperme la cabeza con una botella abrirme de una puñalada / porque así son las cosas así el territorio / y tengo que aprender que saber que no soy de aquí de mí / aunque no recuerde de dónde / fui exiliado".

En la tercera parte, titulada *hombre* (2006), los poemas tienden a irradiar una violencia que nace de lo más profundo del silencio; hay algo de ajusticiamiento propio y necesidad de que, de una vez por todas, el dolor se configure en un instante preciso para poder aprehenderlo. "recuerda muerde los labios / una lágrima el sol todo ahí en el punto / un chiquito / el dolor todo ahí el asombro". Pero habrá que llegar al final, *mirada del mar* (2003), para entender el entramado existencial, la incógnita detrás de una ausencia que fue dolor pero antes fue un poema.

forastero de mí (y otros poemas reunidos) de Guillermo Cácharo, es uno de esos libros que recuperan lo más esencial de la poesía.

Sebastián Basualdo,
Página/12.

agradecimientos

a Alejandra,
a quien tanto le debe este libro,
y de tantas formas,
siempre

a Sebastián Basualdo, por el obsequio
de su lectura hecha texto

a Carlos Battilana, por el estímulo
y los comentarios minuciosos

a Gerardo Miño, por cuya generosidad y arte
estos poemas se hicieron libro

ÍNDICE